Mein persönliches Passwort-Buch

Zum Schutz von Zugangsdaten, Passwörtern, Lizenzschlüsseln und persönlichen Codes!

1.03 erweiterte Ausgabe

Von Wilfred Lindo

Herausgegeben von **www.streamingz.de**

Impressum

Mein persönliches Passwort-Buch

Zum Schutz von Zugangsdaten, Passwörtern, Lizenzschlüsseln und persönlichen Codes!

von Wilfred Lindo von Streamingz

Der vorliegende Titel wurde mit großer Sorgfalt erstellt. Dennoch können Fehler nicht vollkommen ausgeschlossen werden. Der Autor und das Team von **streamingz.de** übernehmen daher keine juristische Verantwortung und keinerlei Haftung für Schäden, die aus der Benutzung dieses Buches oder Teilen davon entstehen. Insbesondere sind der Autor und das Team von **streamingz.de** nicht verpflichtet, Folge- oder mittelbare Schäden zu ersetzen.

Alle Warennamen werden ohne Gewährleistung der freien Verwendbarkeit benutzt und sind möglicherweise eingetragene Warenzeichen. Der Verlag richtet sich im Wesentlichen nach den Schreibweisen der Hersteller.

Cover-Foto: © stockunlimited.com / Redaktionsbüro Lindo

Buch-Produktion und -Distribution

Redaktionsbüro Lindo

NEU: Die Seite zum Thema Streaming: **www. streamingz.de**

Scan mich! Weitere Ratgeber, die ebenfalls für Sie interessant sind!

ISBN: **9781082195013**

Imprint: Independently published

Inhaltsverzeichnis

Idee dieses Buches

In einer Zeit der zunehmenden Vernetzung und Digitalisierung wird der Schutz der persönlichen Daten immer wichtiger. Gelangen diese wichtigen Daten in falsche Hände, kann im Einzelfall der Schaden beträchtlich sein. Daher steht der Schutz von **Zugangsdaten**, **Passwörtern** und **persönlichen Codes** an erster Stelle. Dies gilt gleichermaßen im privaten und beruflichen Umfeld.

Dabei sind die möglichen Gefahren vielschichtig. Die spektakulärsten Angriffe geschehen natürlich über das Internet und betreffen gleich eine Vielzahl von Anwendern. Ob **Virus**, Wurm oder Trojanisches Pferd, die Gefahren, die über das Netz auf den heimischen Rechner gelangen können, sind von unterschiedlichster Art.

Die zentrale Frage beim Umgang mit den persönlichen Daten ist die korrekte Handhabung. Wie kann ich meine Daten sicher aufbewahren und vor einem **unberechtigten Zugang** schützen? Das Smartphone oder der eigene Rechner sind längst nicht mehr geeignete Orte für diese sensiblen Daten. Wie sieht eine sichere Alternative aus?

Längst greifen viele überlastete Anwender wieder zu klassischen Hilfsmitteln. Eine perfekte Lösung ist zweifelsohne ein klassisches **Passwort-Buch**. Hier können Sie alle relevanten Passwörter und Login-Daten, alphabetisch geordnet, handschriftlich notieren. Die wichtigen Daten sind immer zur Hand und es gibt keinen unerlaubten Zugriff über das Internet.

An dieser Stelle können die unterschiedlichsten Informationen eingetragen werden, die nicht für die Augen anderer Personen bestimmt sind. Aktuelle Änderungen oder neue Lizenzschlüssel können sofort eingetragen werden. Das Suchen nach wichtigen Daten gehört endgültig der Vergangenheit an. Setzen Sie der **Zettelwirtschaft** ein sicheres Ende.

Der praktische **Passwort-Organizer** kommt in dem unauffälligen Format eines Taschenbuches daher. Bei Bedarf wird es einfach zwischen anderen Büchern platziert. So sind die wichtigen Daten gut geschützt. Wer auf Nummer sicher gehen will, verstaut das Passwort-Buch im Tresor oder an einem anderen sicheren Ort. Der analoge Helfer bieten genügend Platz für alle persönlichen Daten und ist 100 Prozent Mensch-kompatibel. Dieses Buch benötigt jeder Anwender, der in der digitalen Welt unterwegs ist. Dabei ist ein analoger Helfer die beste Lösung.

Bonus: Zusätzlich ist ein ausführlicher Passwort-Helfer enthalten. Hier erhalten Sie viele Anregungen, wie das optimale Passwort aussehen sollte.

Optimaler Schutz?

In einem Zeitalter der zunehmenden Vernetzung und Kommunikation wird der Schutz von strategisch entscheidenden und persönlichen Daten immer wichtiger. Dabei gilt es, relevante Daten vor technischen, feindlichen und unsachgemäßen Eingriffen zu schützen. Dies gilt gleichermaßen für private und geschäftliche Informationen.

Das vorliegende Buch stellt eine praktische Arbeitshilfe dar, wenn es um den Schutz der eigenen Daten geht. Dabei ist die Windows-Basis eher als exemplarisch anzusehen. Längst existieren auch für andere Plattformen vergleichbare Gefahren. Doch die richtigen Gegenmaßnahmen und Verhaltensweisen sind auf allen Plattformen vergleichbar.

Dabei sind die möglichen Gefahren vielschichtig. Die spektakulärsten Angriffe geschehen natürlich über das Internet und betreffen gleich eine Vielzahl von Anwendern. Ob Virus, Wurm oder Trojanisches Pferd, die Gefahren, die über das Netz auf den heimischen Rechner gelangen können, sind von unterschiedlichster Art.

Nicht zuletzt ist der Schutz vor Viren und anderen Gefahren ein riesiges Geschäft. So stiegen die Börsenkurse der Anbieter von Antivirus-Programmen beim weltweiten Übergriff sprunghaft an. Zudem haftet der Hackerszene etwas *Geniales* und zugleich *Zerstörisches* an, entsprechend nutzt die Presse jede noch so kleine Meldung über einen Virus als Aufhänger für grenzenlos übertriebene Berichterstattungen.

Doch der Anwender wird nicht nur von Viren und anderen schädlichen Angreifern belästigt.

Wie kann ich meine Daten sichern?

Die zentrale Frage beim sicheren Umgang mit den persönlichen Daten ist die korrekte Handhabung der Zugangsparameter. Hier gehört zweifelsohne das Nutzen von Passwörtern zur eigentlichen Schwachstelle. In einem Zeitalter ständig steigender Informationen wird es für den Einzelnen immer schwieriger mit den unzähligen Passwörtern,

Kennworten und Transaktionscodes sicher und fehlerfrei umzugehen. Immer mehr Konto- und Kreditkartennummer sowie Computercodes belasten das Gedächtnis.

Was tut also der überlastete Anwender? Er notiert sich die wichtigsten Kennwörter auf einem Zettel. Idealerweise befindet sich dieser in unmittelbarer Nähe des Rechners. Dies ist sicherlich völlig problemlos, wenn nur Sie einen Zugang zu dem Computer haben. Anders sieht es in dem Augenblick aus, wenn auch andere Personen Zugang zu diesem Rechner haben. Wer sich in dieser Situation nicht an einige Grundregeln in Sachen Sicherheit hält, wird sehr schnell mit den ersten Problemen konfrontiert.

Noch immer herrscht besonders bei den Mitarbeitern von Unternehmen die einhellige Meinung, dass Kennworte und Zugangscodes nur den natürlichen Arbeitsfluss stören und somit überflüssig sind. Entsprechend haften Zettelchen mit Zugangscodes an den Monitoren oder liegen griffbereit in der obersten Schublagen der Schreibtische. Hier darf sich dann auch niemand wundern, wenn ein Unbefugter den Weg in ihr Computersystem problemlos findet. Denn genau an diesen Stellen sucht der erfahrene Täter.

Vielerorts werden die relevanten Kennworte auch einfach ausgetauscht. Meist hat man das Passwort vergessen oder scheut einfach nur den langwierigen Weg über die Service-Abteilung zu beschreiten. Der nachlässige Umgang mit wichtigen Daten kann jedoch im Extremfall zu großen Schäden führen.

Noch immer ist das größte Sicherheitsrisiko der Mensch selbst. Dies gilt nicht nur für den elektronischen Nachrichtenaustausch. Eine besonders einfache Art des unrechtmäßigen Zugriffs auf persönliche Informationen (z.B. Passwort, User ID, Kreditkartennummer etc.) ist die einfache Anfrage per E-Mail. Dabei geben sich Späher als Mitarbeiter von Institutionen, Online-Diensten oder Banken aus. Geben Sie ihre persönlichen Daten auf diesem Wege weiter, ist der Missbrauch vorprogrammiert.

Daher gibt es einige Dinge, die Sie in Sachen Sicherheit einfach beachten müssen:

- Notieren Sie niemals ein wichtiges Kennwort auf einem Zettel. Lernen Sie ihre **Codes** auswendig und vernichten Sie die Vorlage.
- Bewahren Sie Ihr Passwort bitte an einem sicheren Ort getrennt von Ihrer **User ID** auf.
- Geben Sie niemals ein Kennwort oder einen wichtigen Code aus den Händen. Weder ein Kollege, ein Service-Techniker oder ein Webmaster sollten ihre **persönlichen Daten** kennen.
- Geben Sie bitte weder Ihr Passwort noch Ihre **Konfigurationsdatei** für einen bestimmten Online-Dienst (z.B. Facebook, Instagram oder Twitter) weiter.
- Falls Dritte Zugriff auf Ihren Rechner haben, speichern Sie ihr Passwort nicht ab, sondern tragen es erst bei einem **Login** ein.
- Haben Sie den Eindruck, dass doch jemand sich ihrer Kennworte bemächtigt hat, wenden Sie sich an den **Systemverwalter** des Netzes oder verändern Sie sofort das betreffende Kennwort.
- Liegt eine Anfrage an Sie vor, dann geben Sie unverzüglich die Daten an den **Provider** oder den Online-Dienst weiter.
- Ändern Sie Ihr Passwort regelmäßig.

Beachten Sie diese Regeln, dann sollten Sie vor einem Missbrauch geschützt sein.

Wie sieht das geeignete Passwort aus?

Schon bei der Wahl des richtigen Passworts können Sie dem Missbrauch etwas vorbeugen. Daher sollten Sie unbedingt ein möglichst langes Kennwort nutzen und dieses in regelmäßigen Abständen austauschen. Allerdings existieren einige Dienste, die ein längeres Wort als Zugangscode nicht zulassen. In diesem Fall müssen Sie dem System vertrauen, dass es zu keinem Missbrauch kommt.

Hier nun einige Regeln, die es bei der Vergabe von Kennworten zu beachten gilt:

- Vermeiden Sie gängige **Modebegriffe** und Namen. Diese werden immer an erster Stelle ausprobiert.

- Nutzen Sie auch keine Namen aus dem Familien- oder Bekanntenkreis. Diese sind für einen Außenstehenden relativ einfach zu ermitteln.
- Auch Geburtstermine und wichtige persönliche Daten sind gänzlich ungeeignet als Zugangscodes.
- Ähnlich gestaltet es sich mit Namen von Persönlichkeiten und Stars.
- Bilden Sie Passwörter möglichst aus einer Kombination (von mindestens sechs) Buchstaben und Ziffern in Groß- und Kleinschreibung. Auch Sonderzeichen bieten einen zusätzlichen Schutz.
- Benutzen Sie für verschiedene Accounts auch verschiedene Passwörter. Wer Ihren Mail-Account geknackt hat, sollte nicht auch noch Ihr Bankkonto plündern können.

Ein Großteil der Übergriffe lassen sich mit der Befolgung dieser Regeln abwehren. Denn die meisten Versuche ungeübter Hacker den Zugriff zu ihrem System zu erhalten, geschieht durch das einfache Testen von bekannten Begriffen und Zahlenkombinationen.

Bei professionellen Angreifern wird die Sache schon deutlich schwieriger. Immerhin können Sie durch die korrekte Wahl eines Passwortes das Knacken des Codes auch für den geübten Anwender deutlich schwieriger gestalten. Meist werden zum Knacken von Codes elektronische Hilfsmittel eingesetzt. Diese sind mit den gängigsten Begriffen gefüttert.

Wie vergeben Sie bessere Passwörter?

Das Passwort einer Kennung hat entscheidenden Einfluss auf die Sicherheit der darin enthaltenen Daten. Mit einem schlecht gewählten Passwort öffnet man beliebigen Manipulationen durch Dritte Tür und Tor. Es ist daher von großer Wichtigkeit, seine Kennung mit einem guten Passwort zu schützen. Ein wirklich gutes Passwort umfasst mindestens 8 bis 10 Zeichen, dabei werden sowohl Zahlen als auch Buchstaben eingesetzt und die Groß- und Kleinschreibung wird aktiv eingesetzt.

Vermeiden Sie grundsätzlich Kennworte, die in leichter Form zu erraten sind. Viele Zwischenfälle ereignen sich dadurch, dass ein Code durch das bloße Erraten umgangen werden. Viele Anwender verwenden dabei öffentliche Kennworte, die meist eine einfache Abwandlung des eigenen Namens darstellen. Selbst bei umfangreichen Umstellungen können spezielle Programme mögliche Varianten herausfinden. Beispiel: Ihr Name Martin Mustermann. Entsprechend entstehen aus Ihrem Namen folgende Varianten:

- Muster
- Mmuster
- Mannmuster
- Mmartin
- ArtinM
- MartinMartin
- Nitram
- ...

Die Reihe lässt sich beliebig verlängern. Dennoch sollten Sie diese Form der Kennwort-Erzeugung zwingend vermeiden. Jedes Passwort, das auf Ihrem Namen basiert, ist extrem anfällig gegenüber einem fremden Zugriff.

Im nächsten Schritt versucht ein Hacker, bekannte Eigennamen als Zugangsschlüssel für Ihr Konto oder Ihren persönlichen Dateien zu nutzen. Hier existieren ganze Listen von beliebten Namen, die häufig aus der Showbranche oder aus Filmen entliehen werden.

Beispiel: "James", "Bond", "Kirk", "Picard", "Enterprise", "Columbo", "Derrick", "R2D2", "Skywalker", "Starwars" usw. Auch diese Liste lässt sich beliebig fortsetzen.

Natürlich werden auch beliebige Kombinationen dieser fiktiven Namen versucht. Bei dieser Form der Passwörter kann es ebenfalls nur heißen: Hände weg!

Im Internet kursiert seit einiger Zeit eine Liste von Passwörtern von der amerikanischen Online-Community "MySpace". Dabei haben sich einige Experten die Mühe gemacht, die häufigsten, einfachsten Passwörter heraus zu suchen. Hier ist die TopTen der verwendeten Passwörter:

- **password1:** Der absolute Nummer 1. Immerhin ist der Begriff noch mit einem Sonderzeichen kombiniert.
- **abc123:** Auch diese gängige Kombination von Buchstaben und Zahlen bedeutet keinerlei Sicherheit.
- **myspace1:** Der Name der jeweiligen Website wird auch sehr gerne verwendet.
- **Password:** Besser geht es nicht!
- **blink182:** Auch vom Namen ihrer Lieblingsband sollten Sie lieber die Hände lassen.
- **qwerty1:** Ein weiterer unsicher Kandidat.
- **f**kyou:** Auch gängige Schimpfwörter sind überhaupt nicht als Passwörter geeignet.
- **123abc:** Eine ebenfalls sehr beliebte Variante, die nicht die Bezeichnung Passwort verdient hat.
- **baseball1:** In den USA der Lieblingssport, bei uns würde ein anderes Wort an dieser Stelle stehen.
- **football1:** Die Nummer 2 in den USA. Auch dieser Begriff ist für jeden Hacker ein Kinderspiel.
- **123456:** Hier zeigt der Anwender immerhin die Fähigkeit, sechs Zahlen zu kennen.
- **soccer:** Dieser Begriff rangiert in unserem Lande mit Sicherheit ganz weit vorne.
- **monkey1:** Auch bei uns stehen Tiernamen hoch im Kurs.
- **liverpool1:** Natürlich darf in der Liste nicht der Name der eigenen Stadt fehlen. Auch hier gilt: sehr gefährlich.
- **princess1:** Kosenamen sind beliebt und gefährlich.

Hier einige deutsche Lieblings-Passwörter, die einfach nur gefährlich sind:

- **123456:** Die weltweit beliebte Zahlenkombination rangiert bei uns klar auf dem ersten Platz.
- **f*cken:** Ohne Worte.
- **passwort:** Eine wirklich tolle Idee. Hier freud sich jeder Hacker.
- **schatz:** Kosenamen werden auch hierzulande gerne genutzt. Hände weg!
- **baby:** Sehr nett, aber als Zugangsparameter einfach zu leicht zu knacken.

- **sommer:** Auch gängige Begriffe werden immer wieder als Paßwort verwendet.
- **hallo:** Einfacher geht es nicht.
- **frankfurt:** Auch der eigene Wohnort ist wenigen Minuten geknackt.
- **daniel:** Nehmen Sie keinen Namen von Freunden oder Verwandten.
- **marion:** Auch der eigene Name ist völlig ungeeignet.

Doch der Erfindungsreichtum von Hackern kennt keine Grenzen. Gerne werden ganze Wörterbücher, die beispielsweise bei der Rechtschreibprüfung Ihrer Textverarbeitung benutzt werden, herangezogen. Spezielle Programme sind in der Lage, diese Wörterbücher einzulesen und anschließend auf das Knacken Ihres Passwortes anzusetzen. Daher gilt auch hier: Nutzen Sie kein Kennwort, das Sie in einem beliebigen Lexikon, Wörterbuch oder einer vergleichbaren Wortsammlung finden können.

Welche variantenreichen Ideen existieren?

Von den vorgestellten Passworten ist also grundsätzlich abzuraten. Auch das Verändern dieser Begriffe durch das Anhängen von Ziffern oder Sonderzeichen machen das gewählte Kennwort nicht wirklich sicher. Auch das Einfügen von einzelnen Großbuchstaben oder das Ersetzen einzelner Buchstaben durch Sonderzeichen verbessern das gewählte Passwort nicht wirklich.

Auch die Wahl von Zahlenkombinationen, die auf persönlichen Daten beruhen, sind eine schlechte Wahl. Wer seinen Hochzeitstag, den Geburtstag seiner Kinder, die Telefonnummer oder die Konfektionsgröße seines Freundes nutzt, darf sich nicht wundern, wenn jemand seinen Zugang knackt.

Was ist nun das perfekte Passwort? Die besten Erfahrungen werden Sie machen, wenn Sie eine völlig zufällige Folge von Sonderzeichen, Buchstaben und Ziffern wählen. Es sollte einfach keine Logik hinter dem Passwort stecken, denn diese kann mit einem leistungsstarken Programm ermittelt werden.

Problem bei dieser Form des Passwortes, Sie können sich die beliebige Zeichenfolge kaum merken. Denn wer sein gutes Kennwort zu Papier bringt, hätte sich gleich die Mühe mit der Erzeugung des Codes sparen können.

Die Lösung liegt bei sogenannten Eselsbrücken. Sie müssen sich eine Verknüpfung zu Ihrem Kennwort bereitlegen, die nur für Sie zur richtigen Reihenfolge führt. Hier existieren unterschiedliche Ansätze:

- Sie ersetzen Wortteile durch für Sie nachvollziehbare Synonyme. Beispielsweise wählen Sie das Wort: *Brotzeit*. Sie ersetzen das Wort *Brot* durch *Essen* und den Begriff *Zeit* durch Uhr. Nun ersetzen Sie den 2. / 3. und ein Sonderzeichen: Das Ergebnis lautet: *E//en$hr*. Dabei sollten die Ersetzungen nicht zu öffentlich sein. Das Wort "ver2felt" ist dann doch zu einfach. Mit dieser Form des Kennwortes ergeben sich Möglichkeiten, auch ein schwieriges Kennwort im Gedächtnis zu behalten.
- Das Kombinieren von nur Ihnen bekannten Begriffen, die für eine dritte Person nicht nachvollziehbar sind. Nehmen Sie die Vorwahl Ihres besten Freundes und das Autokennzeichen Ihres Nachbarn und kombinieren Sie die Buchstaben und Ziffern. Hier lassen sich sicherlich eine Vielzahl von Möglichkeiten finden.
- Eine weitere Methode zur Erzeugung eines sicheren Passwortes ist die Verwendung der sogenannten Pass-Phrase-Methode. Hierzu wählen Sie im ersten Schritt einfach einen leicht zu merkenden Satz aus, der natürlich nicht von einer anderen Person nachvollziehbar sein sollte. Als Beispiel nehmen Sie den Satz: „In der Ruhe liegt die Stärke". Nun ziehen Sie die einzelnen Anfangsbuchstaben zu einem Wort zusammen. Es ergibt sich IDRLDS. Mit dem Einsatz von Groß- und Kleinschreibung, Ziffern und Sonderzeichen verbessern Sie weiterhin das gewonnene Kennwort. Mit dieser einfachen Methode lassen sich effektiven und für Sie nachvollziehbare Passwörter erzeugen.

Welche Sicherheitsmaßnahmen sollen am Arbeitsplatz eingehalten werden?

Doch nicht nur im privaten Umfeld sollten Sie auf die entsprechenden Sicherheitsmaßnahmen achten. Besonders im beruflichen Umfeld wird es immer wichtiger, auf den Schutz der eigenen Daten zu achten. Hier einige Regeln und Fragestellungen, die Sie am Arbeitsplatz beachten sollten. Weitere Anhaltspunkte finden Sie in den folgenden Kapiteln:

Welche Zugriffsrechte sollen die Mitarbeiter innerhalb des Intranets und auf die Daten anderer Niederlassungen haben? Die eingerichteten Rechte sollten nicht aus Unkenntnis oder aus diffuser Angst vor einer zu restriktiven, produktivitätsbeschränkenden Einstellung zu großzügig vergeben werden.

Auf welche Informationen sollen Zugriffe von außen (Außendienst, freie Mitarbeiter) möglich sein? Aufgrund des Wegfalls der Zutrittskontrolle zum Unternehmensgelände können unerwünschte Zugriffe auf externe Arbeitsplatzrechner (Heimarbeitsplätze) oder Notebooks möglich werden.

Sollen Zugriffe zu allen Tageszeiten (Tag und Nacht?) erfolgen können? Was für Zugriffe aus dem Inland eine sinnvolle Einschränkung seien kann, würde bei international arbeitenden Unternehmen Produktivitätseinschränkungen bedeuten.

Welche Daten müssen verschlüsselt werden, und welche Qualität (Algorithmus, Schlüssellänge) muss verwendet werden? Auch hier kann nur der festgestellte Schutzbedarf Entscheidungskriterium sein. Bei internationalen Verbindungen kommen die landesspezifischen Einschränkungen hinzu (Beispiel Frankreich, USA), die ggf. durch andere Maßnahmen ergänzt werden müssen.

Sollen auch die nur intern übertragenen Daten verschlüsselt werden? Bei besonders schützenswerten Informationen (Personaldaten, Geschäftsgeheimnisse, Planungsdaten) muss auch intern über den Schutz der Netzdaten entschieden werden.

Ihr Streamingz Team wünscht Ihnen viel Spaß

A-C

A-C

A-C

WEBSEITE

WEBSEITE

WEBSEITE

WEBESITE

WEBSEITE

WEBSEITE

WEBSEITE

WEBSEITE

A-C

A-C

WEBSEITE

@

WEBSEITE

@

WEBSEITE

@

WEBESITE

@

WEBSEITE

@

WEBSEITE

@

WEBSEITE

@

WEBSEITE

@

A-C

WEBSEITE		WEBSEITE

@
👤
🔒

@
👤
🔒

WEBSEITE		WEBESITE

@
👤
🔒

@
👤
🔒

WEBSEITE		WEBSEITE

@
👤
🔒

@
👤
🔒

WEBSEITE		WEBSEITE

@
👤
🔒

@
👤
🔒

A-C

WEBSEITE

WEBSEITE

@
👤
🔒

@
👤
🔒

WEBSEITE

WEBESITE

@
👤
🔒

@
👤
🔒

WEBSEITE

WEBSEITE

@
👤
🔒

@
👤
🔒

WEBSEITE

WEBSEITE

@
👤
🔒

@
👤
🔒

D-F

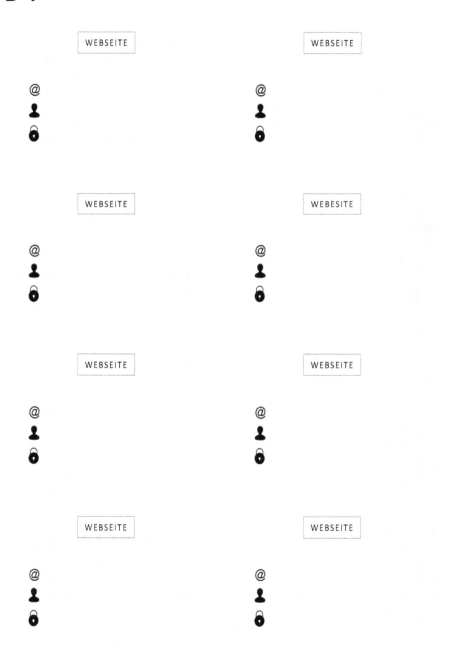

WEBSEITE

WEBSEITE

WEBSEITE

WEBESITE

WEBSEITE

WEBSEITE

WEBSEITE

WEBSEITE

D-F

WEBSEITE

@

WEBSEITE

@

WEBSEITE

@

WEBESITE

@

WEBSEITE

@

WEBSEITE

@

WEBSEITE

@

WEBSEITE

@

D-F

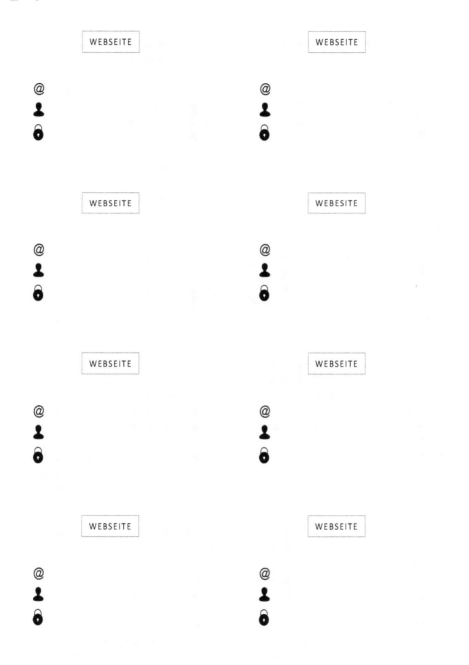

WEBSEITE

WEBSEITE

@

WEBSEITE

WEBESITE

@

WEBSEITE

WEBSEITE

@

WEBSEITE

WEBSEITE

@

D-F

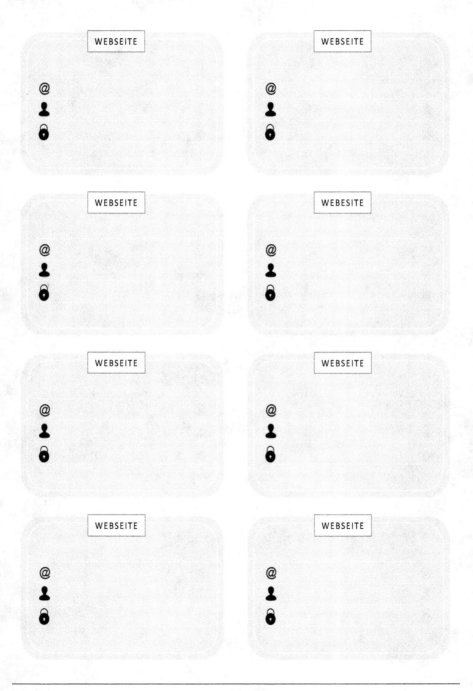

WEBSEITE

WEBSEITE

@

WEBSEITE

WEBESITE

@

WEBSEITE

WEBSEITE

@

WEBSEITE

WEBSEITE

@

D-F

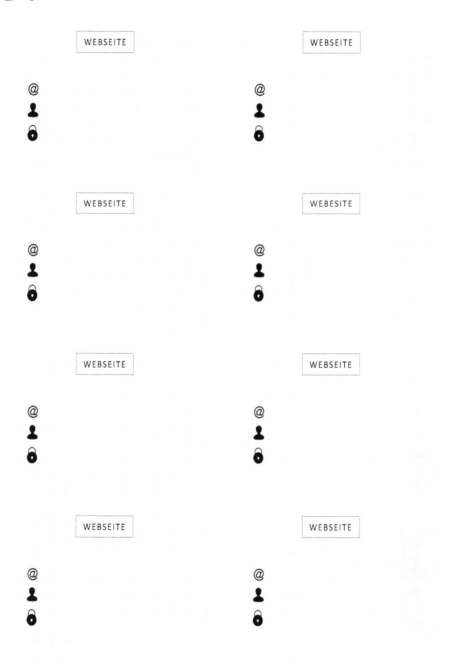

WEBSEITE

@

WEBSEITE

@

WEBSEITE

@

WEBESITE

@

WEBSEITE

@

WEBSEITE

@

WEBSEITE

@

WEBSEITE

@

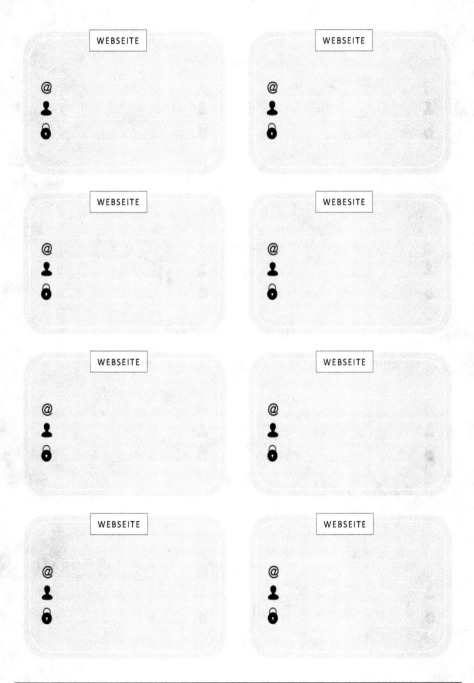

D-F

WEBSEITE

@

WEBSEITE

@

WEBSEITE

@

WEBESITE

@

WEBSEITE

@

WEBSEITE

@

WEBSEITE

@

WEBSEITE

@

D-F

| WEBSEITE | | WEBSEITE |

@
👤
🔒

@
👤
🔒

| WEBSEITE | | WEBESITE |

@
👤
🔒

@
👤
🔒

| WEBSEITE | | WEBSEITE |

@
👤
🔒

@
👤
🔒

| WEBSEITE | | WEBSEITE |

@
👤
🔒

@
👤
🔒

D-F

D-F

| WEBSEITE | | WEBSEITE | |

@
👤
🔒

@
👤
🔒

| WEBSEITE | | WEBESITE | |

@
👤
🔒

@
👤
🔒

| WEBSEITE | | WEBSEITE | |

@
👤
🔒

@
👤
🔒

| WEBSEITE | | WEBSEITE | |

@
👤
🔒

@
👤
🔒

G-H

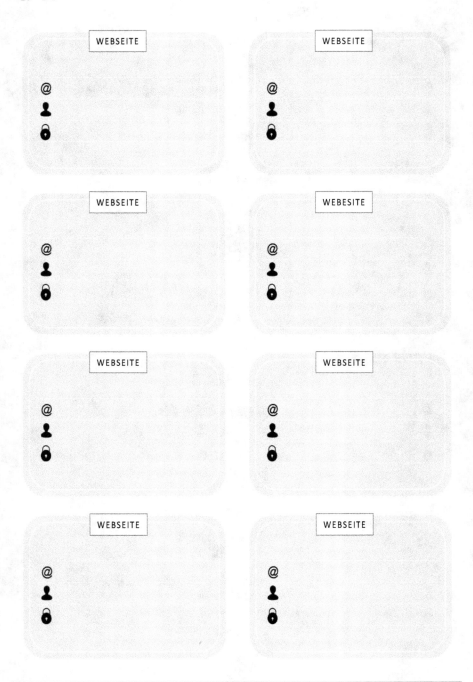

WEBSEITE

@

WEBSEITE

@

WEBSEITE

@

WEBESITE

@

WEBSEITE

@

WEBSEITE

@

WEBSEITE

@

WEBSEITE

@

G-H

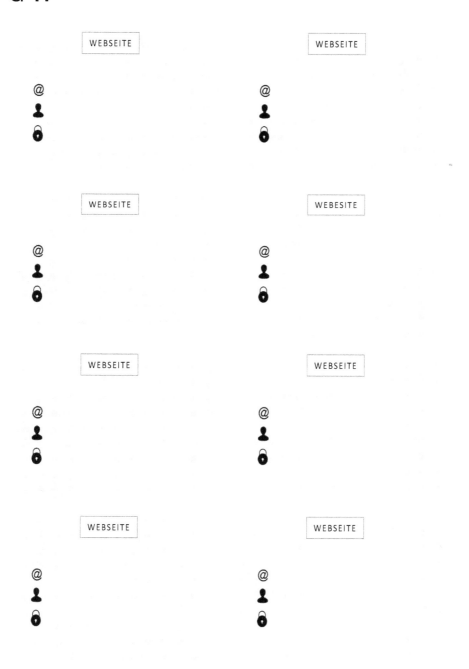

WEBSEITE

@
👤
🔒

WEBSEITE

@
👤
🔒

WEBSEITE

@
👤
🔒

WEBESITE

@
👤
🔒

WEBSEITE

@
👤
🔒

WEBSEITE

@
👤
🔒

WEBSEITE

@
👤
🔒

WEBSEITE

@
👤
🔒

G-H

WEBSEITE

@

WEBSEITE

@

WEBSEITE

@

WEBESITE

@

WEBSEITE

@

WEBSEITE

@

WEBSEITE

@

WEBSEITE

@

G-H

| WEBSEITE | WEBSEITE |

@
👤
🔒

@
👤
🔒

| WEBSEITE | WEBESITE |

@
👤
🔒

@
👤
🔒

| WEBSEITE | WEBSEITE |

@
👤
🔒

@
👤
🔒

| WEBSEITE | WEBSEITE |

@
👤
🔒

@
👤
🔒

G-H

WEBSEITE

@

WEBSEITE

@

WEBSEITE

@

WEBESITE

@

WEBSEITE

@

WEBSEITE

@

WEBSEITE

@

WEBSEITE

@

G-H

G-H

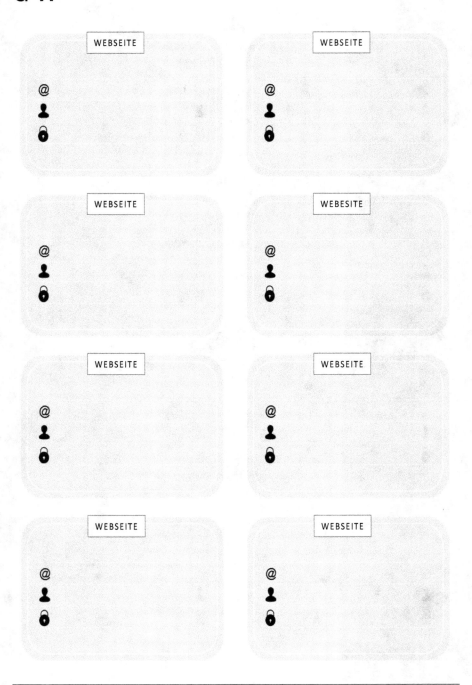

WEBSEITE

@

WEBSEITE

@

WEBSEITE

@

WEBESITE

@

WEBSEITE

@

WEBSEITE

@

WEBSEITE

@

WEBSEITE

@

I-K

| WEBSEITE | WEBSEITE |

@
👤
🔒

@
👤
🔒

| WEBSEITE | WEBESITE |

@
👤
🔒

@
👤
🔒

| WEBSEITE | WEBSEITE |

@
👤
🔒

@
👤
🔒

| WEBSEITE | WEBSEITE |

@
👤
🔒

@
👤
🔒

I-K

WEBSEITE

@

WEBSEITE

@

WEBSEITE

@

WEBESITE

@

WEBSEITE

@

WEBSEITE

@

WEBSEITE

@

WEBSEITE

@

I-K

WEBSEITE	WEBSEITE

@
👤
🔒

@
👤
🔒

WEBSEITE	WEBESITE

@
👤
🔒

@
👤
🔒

WEBSEITE	WEBSEITE

@
👤
🔒

@
👤
🔒

WEBSEITE	WEBSEITE

@
👤
🔒

@
👤
🔒

I-K

WEBSEITE

@

WEBSEITE

@

WEBSEITE

@

WEBESITE

@

WEBSEITE

@

WEBSEITE

@

WEBSEITE

@

WEBSEITE

@

I-K

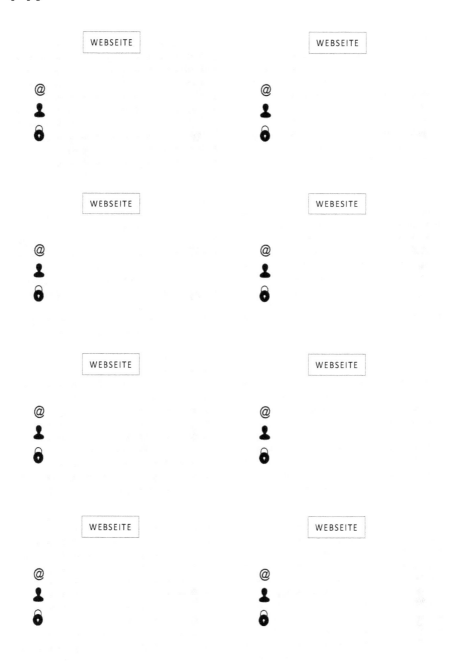

WEBSEITE

WEBSEITE

@

WEBSEITE

WEBESITE

@

WEBSEITE

WEBSEITE

@

WEBSEITE

WEBSEITE

@

I-K

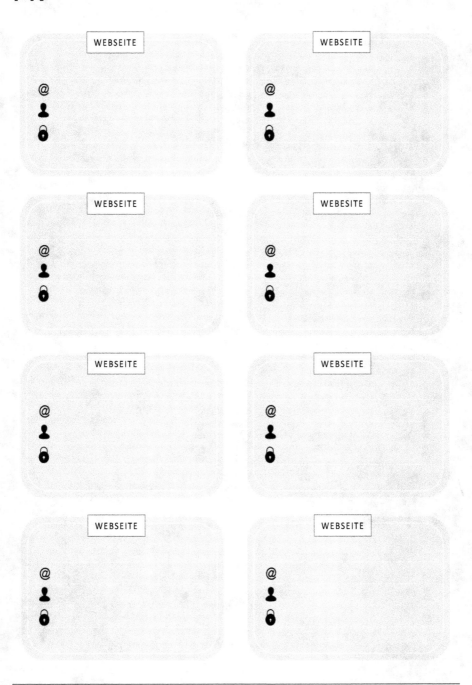

WEBSEITE

WEBSEITE

WEBSEITE

WEBESITE

WEBSEITE

WEBSEITE

WEBSEITE

WEBSEITE

I-K

WEBSEITE

WEBSEITE

@
👤
🔒

@
👤
🔒

WEBSEITE

WEBESITE

@
👤
🔒

@
👤
🔒

WEBSEITE

WEBSEITE

@
👤
🔒

@
👤
🔒

WEBSEITE

WEBSEITE

@
👤
🔒

@
👤
🔒

L-N

WEBSEITE

WEBSEITE

@

WEBSEITE

WEBESITE

@

WEBSEITE

WEBSEITE

@

WEBSEITE

WEBSEITE

@

L-N

WEBSEITE		WEBSEITE

@
👤
🔒

@
👤
🔒

WEBSEITE		WEBESITE

@
👤
🔒

@
👤
🔒

WEBSEITE		WEBSEITE

@
👤
🔒

@
👤
🔒

WEBSEITE		WEBSEITE

@
👤
🔒

@
👤
🔒

L-N

L-N

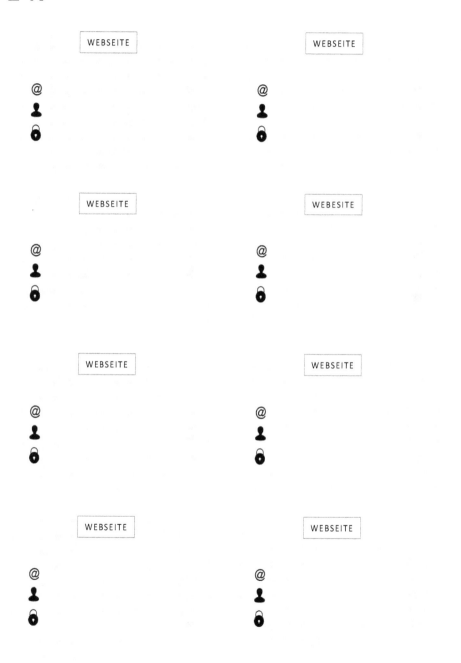

WEBSEITE

WEBSEITE

@

WEBSEITE

WEBESITE

@

WEBSEITE

WEBSEITE

@

WEBSEITE

WEBSEITE

@

L-N

L-N

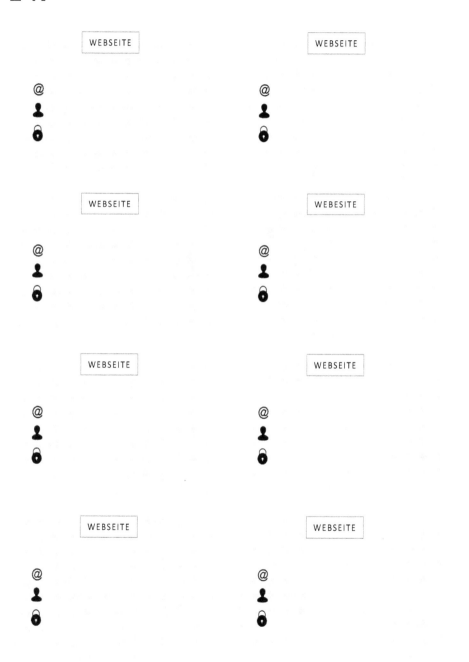

WEBSEITE

WEBSEITE

@

WEBSEITE

WEBESITE

@

WEBSEITE

WEBSEITE

@

WEBSEITE

WEBSEITE

@

L-N

WEBSEITE

@

WEBSEITE

@

WEBSEITE

@

WEBESITE

@

WEBSEITE

@

WEBSEITE

@

WEBSEITE

@

WEBSEITE

@

O-R

O-R

WEBSEITE

@

WEBSEITE

@

WEBSEITE

@

WEBESITE

@

WEBSEITE

@

WEBSEITE

@

WEBSEITE

@

WEBSEITE

@

O-R

O-R

WEBSEITE

@

WEBSEITE

@

WEBSEITE

@

WEBESITE

@

WEBSEITE

@

WEBSEITE

@

WEBSEITE

@

WEBSEITE

@

O-R

O-R

WEBSEITE	WEBSEITE
@	@
👤	👤
🔒	🔒

WEBSEITE	WEBESITE
@	@
👤	👤
🔒	🔒

WEBSEITE	WEBSEITE
@	@
👤	👤
🔒	🔒

WEBSEITE	WEBSEITE
@	@
👤	👤
🔒	🔒

O-R

| WEBSEITE | WEBSEITE |

@
👤
🔒

@
👤
🔒

| WEBSEITE | WEBESITE |

@
👤
🔒

@
👤
🔒

| WEBSEITE | WEBSEITE |

@
👤
🔒

@
👤
🔒

| WEBSEITE | WEBSEITE |

@
👤
🔒

@
👤
🔒

O-R

WEBSEITE

@

WEBSEITE

@

WEBSEITE

@

WEBESITE

@

WEBSEITE

@

WEBSEITE

@

WEBSEITE

@

WEBSEITE

@

S-T

S-T

WEBSEITE	WEBSEITE
@	@
👤	👤
🔒	🔒

WEBSEITE	WEBESITE
@	@
👤	👤
🔒	🔒

WEBSEITE	WEBSEITE
@	@
👤	👤
🔒	🔒

WEBSEITE	WEBSEITE
@	@
👤	👤
🔒	🔒

S-T

WEBSEITE

@
👤
🔒

WEBSEITE

@
👤
🔒

WEBSEITE

@
👤
🔒

WEBESITE

@
👤
🔒

WEBSEITE

@
👤
🔒

WEBSEITE

@
👤
🔒

WEBSEITE

@
👤
🔒

WEBSEITE

@
👤
🔒

S-T

WEBSEITE

WEBSEITE

@

WEBSEITE

WEBESITE

@

WEBSEITE

WEBSEITE

@

WEBSEITE

WEBSEITE

@

S-T

S-T

WEBSEITE

@

WEBSEITE

@

WEBSEITE

@

WEBESITE

@

WEBSEITE

@

WEBSEITE

@

WEBSEITE

@

WEBSEITE

@

S-T

WEBSEITE

@
👤
🔒

WEBSEITE

@
👤
🔒

WEBSEITE

@
👤
🔒

WEBESITE

@
👤
🔒

WEBSEITE

@
👤
🔒

WEBSEITE

@
👤
🔒

WEBSEITE

@
👤
🔒

WEBSEITE

@
👤
🔒

U-V

WEBSEITE

@

WEBSEITE

@

WEBSEITE

@

WEBESITE

@

WEBSEITE

@

WEBSEITE

@

WEBSEITE

@

WEBSEITE

@

U-V

WEBSEITE

WEBSEITE

@
👤
🔒

@
👤
🔒

WEBSEITE

WEBESITE

@
👤
🔒

@
👤
🔒

WEBSEITE

WEBSEITE

@
👤
🔒

@
👤
🔒

WEBSEITE

WEBSEITE

@
👤
🔒

@
👤
🔒

U-V

WEBSEITE

@

WEBSEITE

@

WEBSEITE

@

WEBESITE

@

WEBSEITE

@

WEBSEITE

@

WEBSEITE

@

WEBSEITE

@

U-V

WEBSEITE

WEBSEITE

@
👤
🔒

@
👤
🔒

WEBSEITE

WEBESITE

@
👤
🔒

@
👤
🔒

WEBSEITE

WEBSEITE

@
👤
🔒

@
👤
🔒

WEBSEITE

WEBSEITE

@
👤
🔒

@
👤
🔒

U-V

WEBSEITE

@

WEBSEITE

@

WEBSEITE

@

WEBESITE

@

WEBSEITE

@

WEBSEITE

@

WEBSEITE

@

WEBSEITE

@

U-V

| WEBSEITE | WEBSEITE |

@
👤
🔒

| WEBSEITE | WEBESITE |

@
👤
🔒

| WEBSEITE | WEBSEITE |

@
👤
🔒

| WEBSEITE | WEBSEITE |

@
👤
🔒

U-V

WEBSEITE

WEBSEITE

WEBSEITE

WEBESITE

WEBSEITE

WEBSEITE

WEBSEITE

WEBSEITE

W-Z

WEBSEITE		WEBSEITE

@
👤
🔒

@
👤
🔒

| WEBSEITE | | WEBESITE |

@
👤
🔒

@
👤
🔒

| WEBSEITE | | WEBSEITE |

@
👤
🔒

@
👤
🔒

| WEBSEITE | | WEBSEITE |

@
👤
🔒

@
👤
🔒

W-Z

WEBSEITE

WEBSEITE

@

WEBSEITE

WEBESITE

@

WEBSEITE

WEBSEITE

@

WEBSEITE

WEBSEITE

@

W-Z

| WEBSEITE | WEBSEITE |

@
👤
🔒

@
👤
🔒

| WEBSEITE | WEBESITE |

@
👤
🔒

@
👤
🔒

| WEBSEITE | WEBSEITE |

@
👤
🔒

@
👤
🔒

| WEBSEITE | WEBSEITE |

@
👤
🔒

@
👤
🔒

W-Z

WEBSEITE

@

WEBSEITE

@

WEBSEITE

@

WEBESITE

@

WEBSEITE

@

WEBSEITE

@

WEBSEITE

@

WEBSEITE

@

W-Z

WEBSEITE		WEBSEITE

@
👤
🔒

@
👤
🔒

WEBSEITE		WEBESITE

@
👤
🔒

@
👤
🔒

WEBSEITE		WEBSEITE

@
👤
🔒

@
👤
🔒

WEBSEITE		WEBSEITE

@
👤
🔒

@
👤
🔒

W-Z

WEBSEITE

@

WEBSEITE

@

WEBSEITE

@

WEBESITE

@

WEBSEITE

@

WEBSEITE

@

WEBSEITE

@

WEBSEITE

@

W-Z

WEBSEITE

@

WEBSEITE

@

WEBSEITE

@

WEBESITE

@

WEBSEITE

@

WEBSEITE

@

WEBSEITE

@

WEBSEITE

@

0-9

0-9

WEBSEITE

@
👤
🔒

WEBSEITE

@
👤
🔒

WEBSEITE

@
👤
🔒

WEBESITE

@
👤
🔒

WEBSEITE

@
👤
🔒

WEBSEITE

@
👤
🔒

WEBSEITE

@
👤
🔒

WEBSEITE

@
👤
🔒

0-9

WEBSEITE

@

WEBSEITE

@

WEBSEITE

@

WEBESITE

@

WEBSEITE

@

WEBSEITE

@

WEBSEITE

@

WEBSEITE

@

0-9

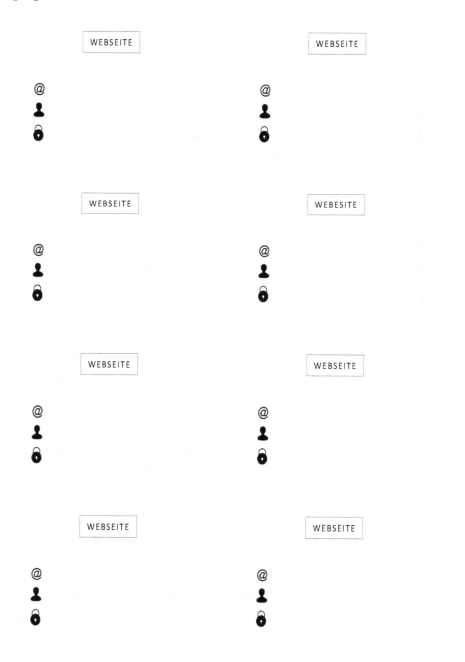

WEBSEITE

@

WEBSEITE

@

WEBSEITE

@

WEBESEITE

@

WEBSEITE

@

WEBSEITE

@

WEBSEITE

@

WEBSEITE

@

0-9

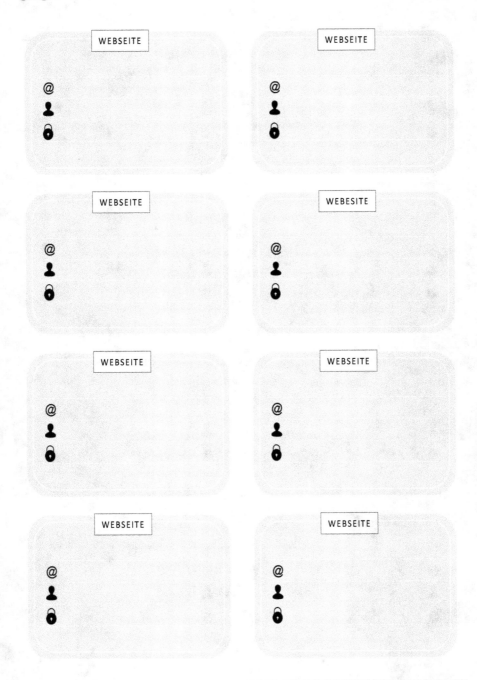

WEBSEITE

@

WEBSEITE

@

WEBSEITE

@

WEBESITE

@

WEBSEITE

@

WEBSEITE

@

WEBSEITE

@

WEBSEITE

@

0-9

0-9

WEBSEITE

@

WEBSEITE

@

WEBSEITE

@

WEBESITE

@

WEBSEITE

@

WEBSEITE

@

WEBSEITE

@

WEBSEITE

@

Sonstiges

Sonstiges

WEBSEITE

@

WEBSEITE

@

WEBSEITE

@

WEBESITE

@

WEBSEITE

@

WEBSEITE

@

WEBSEITE

@

WEBSEITE

@

Sonstiges

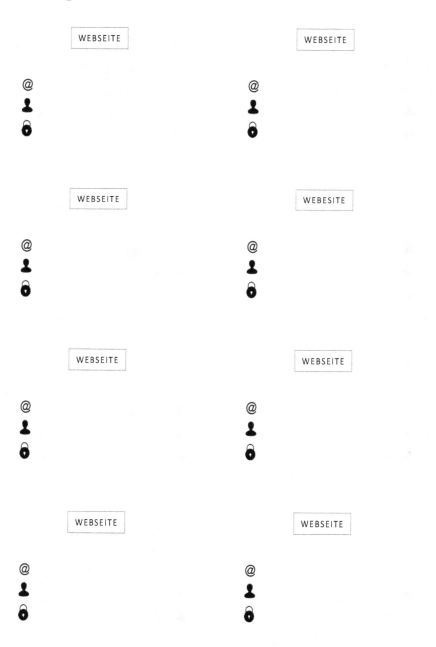

WEBSEITE

WEBSEITE

@
👤
🔒

@
👤
🔒

WEBSEITE

WEBESITE

@
👤
🔒

@
👤
🔒

WEBSEITE

WEBSEITE

@
👤
🔒

@
👤
🔒

WEBSEITE

WEBSEITE

@
👤
🔒

@
👤
🔒

Sonstiges

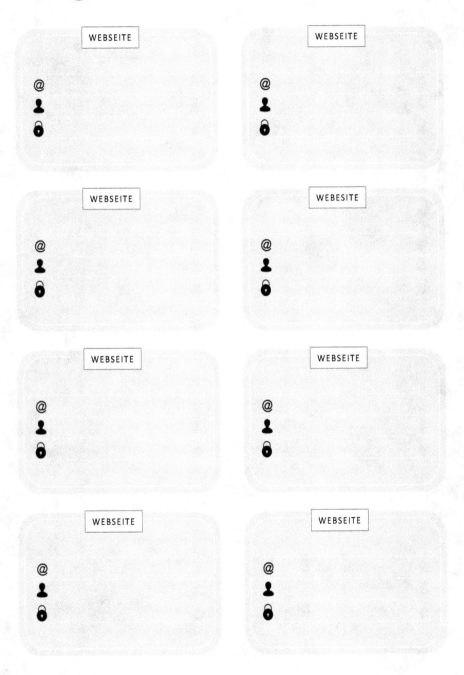

WEBSEITE

@

WEBSEITE

@

WEBSEITE

@

WEBESITE

@

WEBSEITE

@

WEBSEITE

@

WEBSEITE

@

WEBSEITE

@

Sonstiges

Sonstiges

WEBSEITE

@

WEBSEITE

@

WEBSEITE

@

WEBESITE

@

WEBSEITE

@

WEBSEITE

@

WEBSEITE

@

WEBSEITE

@

Sonstiges

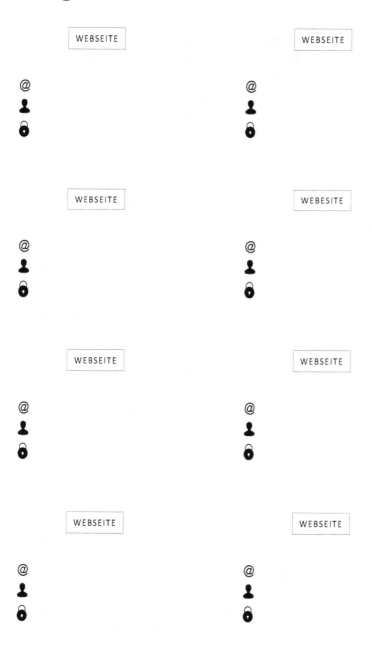

Meine Notizen

NOTIZEN

WEITERE INFOS	DATUM

Meine Notizen

NOTIZEN

WEITERE INFOS

DATUM

Meine Notizen

NOTIZEN

WEITERE INFOS	DATUM

Meine Notizen

NOTIZEN

WEITERE INFOS

DATUM

Meine Notizen

NOTIZEN

WEITERE INFOS	DATUM

Wie hat Ihnen dieses Buch gefallen?

Unser kleines Team von Spezialisten ist bereits seit 1993 als Redaktionsbüro für die unterschiedlichsten Medien tätig. Bereits zu Beginn der Arbeit gehörte die Veröffentlichung von diversen Fachbüchern dazu.

Daher werden wir diesen Titel weiterhin pflegen und erweitern. Wir freuen uns über Ihre Meinung. Schreiben Sie uns an ebookguide@t-online.de oder an ebook@streamingz.de mit dem Betreff „Mein Passwort-Buch".

In eigener Sache, Rechtliches, Impressum

Der vorliegende Titel wurde mit großer Sorgfalt erstellt. Dennoch können Fehler nicht vollkommen ausgeschlossen werden. Der Autor und das Team von **streamingz.de** übernehmen daher keine juristische Verantwortung und keinerlei Haftung für Schäden, die aus der Benutzung dieses Buches oder Teilen davon entstehen. Insbesondere sind der Autor und das Team von **streamingz.de** nicht verpflichtet, Folge- oder mittelbare Schäden zu ersetzen.

Gewerbliche Kennzeichen- und Schutzrechte bleiben von diesem Titel unberührt.

Cover-Foto: © stockunlimited.com / Redaktionsbüro Lindo

Vielen Dank - Wilfred Lindo

NEU: Unsere neue Seite zum Thema: **www.streamingz.de**

Twitter: http://www.twitter.com/ebookguide

Herausgegeben von:

ebookblog.de / ebookguide.de

Redaktionsbüro Lindo

Dipl. Kom. Wilfred Lindo

12349 Berlin

© 2019 by Wilfred Lindo Marketingberatung / Redaktionsbüro Lindo

Buch-Produktion und -Distribution

Redaktionsbüro Lindo

Scan mich! Weitere Ratgeber, die ebenfalls für Sie interessant sind! Unter **Streamingz.de**

Update-Service

Beachten Sie bitte unseren **Update-Service** für diesen Titel!
Scan mich!

Bildnachweis

Bilder, die nicht gesondert aufgeführt werden, unterliegen
dem Copyright des Autors.

Historie

Aktuelle Version 1.0.3